रामधारी सिंह 'दिनकर'

जन्म : 23 सितम्बर, 1908 को बिहार के मुंगेर जिले के सिमरिया नामक गाँव में हुआ था। शिक्षा मोकामा घाट के रेलवे हाईस्कूल तथा फिर पटना कॉलेज में हुई जहाँ से उन्होंने इतिहास विषय लेकर बी.ए. (ऑनर्स) की परीक्षा उत्तीर्ण की। एक विद्यालय के प्रधानाचार्य, सब-रजिस्ट्रार, जन-सम्पर्क के उप-निदेशक, भागलपुर विश्वविद्यालय के कुलपति, भारत सरकार के हिन्दी सलाहकार आदि विभिन्न पदों पर रहकर उन्होंने अपनी प्रशासनिक योग्यता का परिचय दिया। 1924 में पाक्षिक 'छात्र सहोदर' (जबलपुर) में प्रकाशित पहली कविता से साहित्यिक जीवन का आरम्भ।

प्रमुख कृतियाँ : कविता–रेणुका, हुंकार, रसवन्ती, कुरुक्षेत्र, सामधेनी, बापू, धूप और धुआँ, रश्मिरथी, नील कुसुम, उर्वशी, परशुराम की प्रतीक्षा, कोयला और कवित्व, हारे को हरिनाम आदि। **गद्य**–मिट्टी की ओर, अर्धनारीश्वर, संस्कृति के चार अध्याय, काव्य की भूमिका, पन्त, प्रसाद और मैथिलीशरण, शुद्ध कविता की खोज, संस्मरण और श्रद्धांजलियाँ आदि।

सम्मान : 1959 में 'संस्कृति के चार अध्याय' पर साहित्य अकादेमी पुरस्कार और पद्मभूषण की उपाधि। 1962 में भागलपुर विश्वविद्यालय की तरफ से *डॉक्टर ऑफ लिटरेचर* की मानद उपाधि। 1973 में 'उर्वशी' पर भारतीय ज्ञानपीठ पुरस्कार। अनेक बार भारतीय और विदेशी सरकारों के निमंत्रण पर विदेश-यात्रा।

निधन : 24 अप्रैल, 1974

दिनकर के गीत

रामधारी सिंह 'दिनकर'

लोकभारती पेपरबैक्स में
पहला संस्करण : 2019
चौथा संस्करण : 2026

लोकभारती पेपरबैक्स : उत्कृष्ट साहित्य के लोकप्रिय संस्करण

लोकभारती प्रकाशन
पहली मंजिल, दरबारी बिल्डिंग, महात्मा गांधी मार्ग
प्रयागराज-211 001
द्वारा प्रकाशित

शाखाएँ : 1-बी, नेताजी सुभाष मार्ग, दरियागंज, नई दिल्ली-110 002
अशोक राजपथ, साइंस कॉलेज के सामने, पटना-800 006 (बिहार)
1, अनमोल सोराबजी संतुक लेन, धोबी तलाव, मरीन लाइंस, मुम्बई-400 002
वेबसाइट : www.lokbhartiprakashan.com
ई-मेल : info@lokbhartiprakashan.com

बी.के. ऑफसेट
नवीन शाहदरा, दिल्ली-110 032
द्वारा मुद्रित

मूल्य : ₹250

DINKAR KE GEET
Poems by Ramdhari Singh 'Dinkar'

ISBN : 978-93-89243-73-4

प्राक्कथन

पूज्य राष्ट्रकवि रामधारी सिंह 'दिनकर' को गुजरे छियालीस वर्ष हो गए। अब उनकी 110वीं जयन्ती का वर्ष बीत रहा है।

यूँ तो महाकवि दिनकर जी को राष्ट्रकवि कहा गया है पर महीयसी महादेवी वर्मा ने कहा था कि वे विश्वकवि हैं, क्योंकि उनकी कविताओं में मात्र राष्ट्रीयता की वाणी और उसकी स्वायत्तता का गौरवगान और संघर्ष नहीं है वरन् प्रेम का एक व्यापक क्षितिज है जो उन्हें विश्वकवि की श्रेणी में ले आता है। वस्तुतः दिनकर जी एक ही साथ विश्वकवि, महाकवि, राष्ट्रकवि और जनकवि–सभी हैं। उनकी विभिन्न कविताओं में भिन्न-भिन्न तौर पर उनके काव्य-व्यक्तित्व का वैशिष्ट्य प्रकट होता है।

दिनकर जी आज भी पाठकों के सर्वाधिक प्रिय कवि हैं और प्रासंगिक भी। उनकी कविताओं में आग है, राग है और अध्यात्म है। उनकी कविताओं का अवगाहन कर प्रतीत होता है कि वे अपने समकालीन कवियों से अलग तरीके से पाठकों के समक्ष प्रकट होते हैं।

दिनकर जी ने कहा था कि सच्चा कवि हमेशा जीवित रहता है–उसके प्रति राग और द्वेष के कारण उसके सामने उसका सही मूल्यांकन नहीं हो पाता। किसी कवि का सही मूल्यांकन उसके निधन के पचास वर्ष बाद होता है। और हम देख रहे हैं, जैसे-जैसे समय गुजरता जा रहा है, दिनकर जी की कविताओं की लोकप्रियता बढ़ती जा रही है।

पूर्व में दिनकर जी की सभी किताबें लोकभारती प्रकाशन से कुछ नवीन स्वरूप और अलग नाम देकर प्रकाशित हुई थीं। अब सभी पुस्तकें अपने पुराने नाम और प्रारूप में प्रकाशित हो रही हैं। आशा है, इससे दिनकर-प्रेमी हिन्दी साहित्य जगत् सन्तुष्ट होगा।

–अरविन्द कुमार सिंह

दिनकर भवन
आर्य कुमार रोड
पटना-800004

दो शब्द

वैसे गीत तो कई मेरे भी पसन्द किए गए हैं, किन्तु 'दिनकर के गीत' नाम कुछ खास जँचता नहीं है। गरचे कविताएँ एक समय मैं भी गाकर सुनाया करता था, मगर मेरा विरुद गरजने वाले कवि का विरुद हो गया। 'हुंकार' ने 'रसवंती' को दबा दिया और 'कुरुक्षेत्र' 'उर्वशी' को धमकाता रहा है। और वह धमकावे क्यों नहीं? 'परशुराम की प्रतीक्षा' तो 'उर्वशी' के बाद ही लिखी गई है।

हिन्दी में गीतों की एक अलग विधा ही तैयार हो गई है। जब कविता ने कहा, मैं नई कविता बनूँगी, तब गीतों ने भी कहा, हम नव गीत हैं। मेरे गीत इस विधा में शायद नहीं आते। वे गीत इसलिए हैं कि वे गाये जा सकते हैं, बहुत कुछ उसी प्रकार, जैसे छन्द में रची हुई प्रत्येक कविता गायी जा

सकती है। वैसे इस संग्रह में दो-चार ऐसे भी गीत हैं जो स्वराज्य की लड़ाई के समय छात्रावासों में गाये जाते थे, सड़कों पर, सभाओं और जुलूसों में तथा कभी-कभी गुसलखानों में भी गाये जाते थे। मेरा सौभाग्य कि जनता ने मेरी कई कविताओं को भी गीत बना दिया। 'माया के मोहक वन की क्या कहूँ कहानी परदेसी'—इस कविता को तो मिथिला के नटुए भी नाच-नाच कर गाते हैं।

नन्हे, कोमल, मृदुल, मधुर गीत लिखने की तड़प जवानी में मुझमें भी थी, लेकिन काल ने मेरे हाथ में जो शंख थमा दिया था, उसे नीचे रखकर वीणा बजाने का अवकाश मुझे बहुत कम मिला। सारी आयु कट गई रण के लिए आग सुलगाने में। अब तो एकतारा बजाने का समय आ गया। फिर भी उन पर मेरा अटूट प्रेम है जो वीणा बजाते थे अथवा आज भी उसे छेड़ रहे हैं।

सब मिलाकर मुझे प्रसन्न ही होना चाहिए कि मेरे गीतों का भी संग्रह निकल रहा है, गरचे इस संग्रह में गीतों के नाम से जो कविताएँ संगृहीत की गई हैं, वैसी अनेक कविताएँ इस संग्रह में आने से छूट भी गई होंगी।

—दिनकर

पटना-16
24-12-72

अनुक्रम

गुरु-स्तवन

पद-रज दो, अंजन दृग आँजूँ,
अन्तर तिमिर हरो हे!
अमृत-परस दो, पल-पल चंचल
मन को अचल करो हे!
न्योछावर हो सकूँ चरण पर,
ऐसी विमल सुमति दो,
उर के अन्ध विवर में अपनी
जगमग ज्योति भरो हे!
दृश्य-अदृश्य जहाँ जो कुछ है,
सभी तत्त्व गुरुमय है,

एक प्रार्थना सुनो, हृदय के
शतदल पर उतरो हे!
भक्ति-व्योम-गंगा के तट पर
नीराजन जलते हैं,
चिदाकाश में पूर्ण चन्द्र बन
योगिराज, विचरो हे!
भींग रहे सब अमृत-वृष्टि में,
सब के भाग्य जगे हैं।
कृपा करो अवढर दानी,
मुझ पर भी देव, ढरो हे!

याचना

प्रियतम! कहूँ मैं और क्या?

शतदल, मृदुल जीवन-कुसुम में प्रिय! सुरभि बनकर बसो।
घन-तुल्य हृदयाकाश पर मृदु मन्द गति विचरो सदा।
प्रियतम! कहूँ मैं और क्या?

दृग बन्द हों, तब तुम सुनहले स्वप्न बन आया करो,
अमितांशु! निद्रित प्राण में प्रसरित करो अपनी प्रभा।
प्रियतम! कहूँ मैं और क्या?

उडु-खचित नीलाकाश में ज्यों हँस रहा राकेश है,
दुःखपूर्ण जीवन-बीच त्यों जाग्रत करो अव्यय विभा।
प्रियतम! कहूँ मैं और क्या?

निर्वाण-निधि दुर्गम बड़ा, नौका लिये रहना खड़ा,
कर पार सीमा विश्व की जिस दिन कहूँ, 'वन्दे, बिदा'।
प्रियतम! कहूँ मैं और क्या?

[रेणुका]

राम, तुम्हारा नाम

राम, तुम्हारा नाम कंठ में रहे।
हृदय जो कुछ भेजो, वह सहे।
दुःख से त्राण नहीं माँगूँ।

माँगूँ केवल शक्ति दुःख सहने की
दुर्दिन को भी मान तुम्हारी दया
अकातर ध्यान-मग्न रहने की।

देख तुम्हारे मृत्यु-दूत को डरूँ नहीं।
न्योछावर होने में दुविधा करूँ नहीं।

तुम चाहो, दूँ वही,
कृपण हो प्राण नहीं माँगूँ।

[हारे को हरि नाम]

ये गान बहुत रोये

तुम बसे नहीं इनमें आकर,
ये गान बहुत रोये।

बिजली बन घन में रोज हँसा करते हो,
फूलों में बन कर गन्ध बसा करते हो,
नीलिमा नहीं सारा तन ढँक पाती है,
तारा-पथ में पग-ज्योति झलक जाती है।
हर तरफ चमकता यह जो रूप तुम्हारा,
रह-रह उठता जगमगा जगत् जो सारा,
इनको समेट मन में लाकर,
ये गान बहुत रोये।

जिस पथ पर से रथ कभी निकल जाता है,
कहते हैं, उस पर दीपक जल जाता है।
मैं देख रहा अपनी ऊँचाई पर से,
तुम किसी रोज तो गुजरे नहीं इधर से।
अँधियाले में स्वर वृथा टेरते फिरते,
कोने-कोने में तुम्हें हेरते फिरते।
पर, कहीं नहीं तुमको पाकर
ये गान बहुत रोये।

कब तक बरसेगी ज्योति बार कर मुझको?
निकलेगा रथ किस रोज पार कर मुझको?
किस रोज लिये प्रज्वलित बाण आओगे,
खींचते हृदय पर रेख निकल जाओगे?
किस रोज तुम्हारी आग सीस पर लूँगा,
बाणों के आगे प्राण खोल धर दूँगा?
यह सोच विरह में अकुला कर
ये गान बहुत रोये।

[नील कुसुम]

संजीवन-घन दो

जो त्रिकाल-कूजित संगम है, वह जीवन-क्षण दो,
मन-मन मिलते जहाँ देवता! वह विशाल मन दो।

[1]

माँग रहा जनमन कुम्हलाया,
बोधिवृक्ष की शीतल छाया।
सिरजो सुधा, तृषित वसुधा को संजीवन-घन दो।
मन-मन मिलते जहाँ देवता! वह विशाल मन दो।

[2]

तप कर शील मनुज का साधें,
सबके प्राण कुसुम से बाँधें,
सत्य-हेतु निष्ठा अशोक की, गौतम का प्रण दो।
मन-मन मिलते जहाँ देवता! वह विशाल मन दो।

देख सकें सबमें अपने को,
महामनुजता के सपने को,
हे प्राचीन! नवीन मनुज को वह सुविलोचन दो।
मन-मन मिलते जहाँ देवता! वह विशाल मन दो।

खँडहर की अस्तमित विभाओ,
जगो, देवियो! दरस दिखाओ,
पीड़ित जग के लिए ज्ञान का शीतल अंजन दो।
मन-मन मिलते जहाँ देवता! वह विशाल मन दो।

[मृत्तितिलक]

अगेय की ओर

गायक, गान, गेय से आगे
मैं अगेय स्वप्न का श्रोता मन?

[1]

सुनना श्रवण चाहते, अब तक
भेद हृदय जो जान चुका है,
बुद्धि खोजती उन्हें, जिन्हें जीवन
निज को कर दान चुका है।

खो जाने को प्राण विकल हैं
चढ़ उन पद-पद्मों के ऊपर;
बाहु-पाश से दूर जिन्हें विश्वास
हृदय का मान चुका है।

जोह रहे उनका पथ दृग,
जिनको पहचान गया है चिन्तन।
गायक, गान, गेय से आगे
मैं अगेय स्वप्न का श्रोता मन।

[2]

उछल-उछल बह रहा अगम की
ओर अभय इन प्राणों का जल;
जन्म-मरण की युगल घाटियाँ
रोक रहीं जिसका पथ निष्फल।

मैं जल-नाद श्रवण कर चुप हूँ;
सोच रहा यह खड़ा पुलिन पर;
है कुछ अर्थ, लक्ष्य इस रव का?
या 'कुल कुल, कल कल' ध्वनि केवल?

दृश्य, अदृश्य कौन सत् इनमें?
मैं या प्राण-प्रवाह चिरन्तन?
गायक, गान, गेय से आगे
मैं अगेय स्वप्न का श्रोता मन।

[3]

जलकर चीख उठा, वह कवि था,
साधक जो नीरव तपने में;
गाये गीत खोल मुँह क्या वह,
जो खो रहा स्वयं सपने में?

सुषमाएँ जो देख चुका हूँ
जल-थल में, गिरि, गगन, पवन में,
नयन मूँद अन्तर्मुख जीवन
खोज रहा उसको अपने में!

अन्तर-वहिर् एक छवि देखी,
आकृति कौन? कौन है दर्पण?
गायक, गान, गेय से आगे
मैं अगेय स्वप्न का श्रोता मन।

[4]

चाह यही छू लूँ स्वप्नों की
नग्न कान्ति बढ़कर निज कर से;
इच्छा है, आवरण स्त्रस्त हो
गिरे दूर अन्तःश्रुति पर से।

पहुँच अगेय-गेय-संगम पर
सुनूँ मधुर वह राग निरामय,

फूट रहा जो सत्य, सनातन
कविर्मनीषी के स्वर-स्वर से।

गीत बनी जिनकी झाँकी,
अब दृग में उन सपनों का अंजन।
गायक, गान, गेय से आगे
मैं अगेय स्वप्न का श्रोता मन।

[रसवन्ती]

चन्द्राह्वान

जागो हे अविनाशी!
जागो किरणपुरुष! कुमुदासन! विधु-मंडल के वासी!
जागो हे अविनाशी!

रत्न-जड़ित-पथ-चारी, जागो,
उडु-वन-वीथि-विहारी जागो,
जागो रसिक विराग-लोक के, मधुवन के संन्यासी!
जागो हे अविनाशी!

जागो शिल्पि अजर अम्बर के!
गायक महाकाल के घर के!

दिव के अमृतकंठ कवि, जागो, स्निग्ध-प्रकाश-प्रकाशी!
जागो हे अविनाशी!

विभा-सलिल का मीन करो हे!
निज में मुझको लीन करो हे!
विधु-मंडल में आज डूब जाने का मैं अभिलाषी!
जागो हे अविनाशी!

[नील कुसुम]

पुरूरवा के चार गीत

[उर्वशी के प्रति, जो उर्वशी काव्य में न जा सके]

पहला गीत

मैं तुम्हारे लोचनों से रश्मि नूतन देखता हूँ,
जो न देखा था कभी उस स्वप्न का तन देखता हूँ।

[1]

देखकर तुमको जिधर भी दृष्टि करता हूँ भुवन में,
हर तरफ मिलता खड़ा सौन्दर्य फूलों के वसन में।

तारकों में झिलमिलाती आँख की पुतली तुम्हारी।
और फूलों में तुम्हारा सिक्त आनन देखता हूँ।

[2]

रूप के जल से दृगों के दोष सारे धुल गए हैं।
बन्द थे जो द्वार गोचर के परे, वे खुल गए हैं।
अब नहीं मुझसे छिपी है सात परदों की शिखा भी।
सिन्धु का संतप्त शीतल शैल का मन देखता हूँ।

[3]

एक ही है ज्योति, फले कान्ति बन चाहे गगन में।
या मही पर फूल अथवा कामिनी बनकर भुवन में।
ओढ़ कर हरियालियाँ सौन्दर्य जो सोया हुआ है,
मैं उसे तुममें जगा साकार चेतन देखता हूँ।

दूसरा गीत

रूप हो तुम वह, जिसे कवि-कल्पना पहचानती है;
सत्य हो, जिसको कला मधुस्वप्न अपना मानती है।

[1]

नीलिमा के पार वाली निर्झरी-सी कौन हो तुम?
गुनगुनाहट और छाँहों से भरी-सी कौन हो तुम?

भावना को दीखती निस्सीमता की ज्योति तुममें।
कल्पना अव्यक्त की आभा तुम्हें अनुमानती है।

[2]

याद क्यों आने लगा भूला हुआ इतिहास मेरा,
बादलों में, तारकों पर, चाँद पर आवास मेरा?
देखकर तुमको न जानें, चेतना क्यों व्यग्र होकर
अन्य जन्मों के निकुंजों, वीथियों को छानती है?

[3]

वायु कह कर भी न कह पाई जिसे वह नाम हो तुम।
सिन्धु की तुतली तरंगों की कथा अभिराम हो तुम।
देखकर तुमको, न जाने, चाँदनी क्यों याद आती,
कल्पना मन में चंदोवा फूल का क्यों तानती है!

तीसरा गीत

सिन्धु से निकली तरंगों की शिखा पर नाचती तुम
या किरण के तार पर तुम खेलती उतरी गगन से?

[1]

चाँदनी के साथ आँखों में भरा प्रत्यूष भी है।
वारुणी के ज्वार में लहरा रहा पीयूष भी है।

अंग-लतिका से उमड़ कर गन्ध ऐसे छा रही है,
गमगमाती वाटिका जिस भाँति आन्दोलित पवन से।

[2]

जन्म से पहले सुना, जाने कहाँ, वह गान हो तुम।
पद्म-वन में खेलती रवि-रश्मि की मुसकान हो तुम।
लाल कर देती मही को लालिमा पद से ढुलक कर।
तुम जहाँ होतीं खड़ी, आकाश भर जाता सुमन से।

[3]

वृष्टि रंगों की करेगा स्वर्ग का सुरचाप गल कर
और नदियों में बहेंगे स्वर्ण, मणि, मुक्ता पिघलकर।
मैं तुम्हारे पाँव पर नैवेद्य बन करके चढ़ूँगा,
देखती जाओ इसी विध और स्मित, बंकिम नयन से।

चौथा गीत

तुम मुझे अपने क्षितिज से घेर कर बन्दी बना लो।
मैं तुम्हारे व्योम की झंकार होना चाहता हूँ।

[1]

फैलने को है विकल मेरे हृदय का सिन्धु भर कर,
छोड़कर तल आ गई है आँख में आत्मा उमड़कर।

डोलती दुनिया सँभालो, ज्वार आकुल फूटता है।
शून्य का मैं व्यग्र हाहाकार होना चाहता हूँ।

[2]

खोजता है लय तुम्हारे व्योम में व्यक्तित्व मेरा।
डूब जाना चाहता है सिन्धु में अस्तित्व मेरा।
लीन कर लो प्राण प्राणों में, हृदय अपने हृदय में।
मैं तुम्हारे साथ एकाकार होना चाहता हूँ।

[3]

वारि भंगों से भरा, रंगों भरा तूफान लेकर,
कामना जलती हुई, सुलगे हुए अरमान लेकर
अर्चना को आ गया मैं, पाँव तो अपना बढ़ाओ,
मैं प्रभामय पद्म का उपहार होना चाहता हूँ।

पावस-गीत

अम्बर के गृह गान रे, घन-पाहुन आए।

इन्द्रधनुष मेचक-रुचि-हारी,
पीत वर्ण दामिनि-द्युति न्यारी,
प्रिय की छवि पहचान रे, नीलम घन छाए।

वृष्टि-विकल घन का गुरु गर्जन,
बूँद-बूँद में स्वप्न-विसर्जन,
वारिद सुकवि समान रे, बरसे, कल पाए।

तृण, तरु, लता, कुसुम पर सोई,
बजने लगी सजल सुधि कोई,
सुन-सुन आकुल प्राण रे, लोचन भर आए।

[नील कुसुम]

गायक

ढकलते गीत में मोती,
चमकती आँख में शबनम।

तुम्हारी बाँसुरी की तान में
छिप रो रहा कोई।
गुलाबी आँख अपनी
आँसुओं से धो रहा कोई।
तुम्हारे गीत में तारे
झपकते-झिलमिलाते हैं,
कमल, मानो, सरोवर में
निकलते, डूब जाते हैं।

मनाती हो चिता के पास
जैसे चाँदनी मातम,
ढलकते गीत में मोती,
चमकती आँख में शबनम।

नहा कर सात रंगों में
कहीं से वेदना आई,
उदासी या किसी गम की
उषा के लोक में छाई।
कसकती वेदना ऐसे कि
जैसे प्राण हिलते हों,
किरण-सी फूटती, मानो,
तिमिर में फूल खिलते हों।

अँधेरी रात में ज्यों बज
रही हो ज्योति की सरगम,
ढलकते गीत में मोती,
चमकती आँख में शबनम।

[नील कुसुम]

गीत

उर की यमुना भर उमड़ चली,
तू जल भरने को न आ सकी;
मैंने जो घाट रचा सरले!
उस पर मंजीर बजा न सकी।

दिशि-दिशि उँड़ेल विगलित कंचन,
रँगती आई सन्ध्या का तन,
कटि पर घट, कर में नील वसन;
कर नमित नयन चुपचाप चली,
ममता मुझ पर दिखला न सकी।

चरणों का धोकर राग नील-
सलिला को अरुण बना न सकी।

लहरें अपनापन खो न सकीं,
पायल का शिंजन ढो न सकीं,
युग चरण घेरकर रो न सकीं;
विवसन आभा जल में बिखेर
मुकुलों का बन्ध खिला न सकी;
जीवन की अयि रूपसी प्रथम!
तू पहिली सुरा पिला न सकी!

[रसवन्ती]

अन्तःवासिनी

अधिखिले पद्म पर मौन खड़ी
तुम कौन प्राण के सर में री?
भींगने नहीं देती पद की
अरुणिमा सुनील लहर में री?
तुम कौन प्राण के सर में?

[1]

शशि-मुख पर दृष्टि लगाये
लहरें उठ घूम रही हैं,

भयवश न तुम्हें छू पातीं
पंकज-दल चूम रही हैं;
गा रही चरण के पास विकल
छवि-विम्ब लिये अन्तर में री।
तुम कौन प्राण के सर में?

[2]

कुछ स्वर्ग-चूर्ण उड़-उड़ कर
छा रहा चतुर्दिक् मन में,
सुरधनु-सी राज रही तुम
रंजित, कनकाभ गगन में।
मैं चकित, मुग्ध, हतज्ञान खड़ा
आरती-कुसुम ले कर में री।
तुम कौन प्राण के सर में?

[3]

जब से चितवन ने फेरा
मन पर सोने का पानी,
मधु-वेग ध्वनित नस-नस में,
सपने रँग रही जवानी;
भू की छवि और हुई तब से,
कुछ और विभा अम्बर में री
तुम कौन प्राण के सर में?

[4]

अयि सगुण कल्पने मेरी!
उतरो पंकज के दल से।
अन्तःसर में नहलाकर
साजूँ मैं तुम्हें कमल से।
मधु-तृषित व्यथा उच्छ्वसित हुई,
अन्तर की क्षुधा अधर में री।
तुम कौन प्राण के सर में?

[रसवन्ती]

परियों का गीत-1

हम गीतों के प्राण सघन,
छूम छनन छन्, छूम छनन।

बजा व्योम-वीणा के तार,
भरतीं हम नीली झंकार,
सिहर-सिहर उठता त्रिभुवन,
छूम छनन छन्, छूम छनन।

सपनों की सुषमा रंगीन,
कलित कल्पिना पर उड्डीन,

हम फिरती हैं भवन-भवन।
छूम छनन छन्, छूम छनन।

हम अभुक्त आनन्द-हिलोर,
भिंगो भूमि-अम्बर के छोर,
बरसाती फिरतीं रस-कन।
छूम छनन छन्, छूम छनन।

[उर्वशी]

परियों का गीत-2

फूलों की नाव बहाओ री, यह रात रुपहली आई।

फूटी सुधा-सलिल की धारा;
डूबा नभ का कूल-किनारा,
सजल चाँदनी की सुमन्द लहरों में तैर नहाओ री!
यह रात रुपहली आई।

मही सुप्त, निश्चेत गगन है,
आलिंगन में मौन, मगन है।
ऐसे में नभ से अशंक अवनी पर आओ-जाओ री!
यह रात रुपहली आई।

मुदित चाँद की अलकें चूमो,
तारों की गलियों में घूमो,
झूलो गगन-हिंडोरे पर, किरणों के तार बढ़ाओ री!
यह रात रुपहली आई।

[उर्वशी]

प्रीति

[1]

प्रीति न अरुण साँझ के धन सखि!

पल-भर चमक बिखर जाते जो,
मना कनक-गोधूलि-लगन सखि!

प्रीति नील गम्भीर गगन सखि!

चूम रहा जो विनत धरणि को
निज सुख में मूक-मगन सखि!

[2]

प्रीति न पूर्ण चन्द्र जगमग सखि!

जो होता नित क्षीण, एक दिन
विभा-सिक्त करके अग-जग सखि!

दूज-कला यह लघु नभ-नग सखि!

शीत, स्निग्ध, नव रश्मि छिड़कती
बढ़ती ही जाती पग-पग सखि!

[3]

मन की बात न श्रुति से कह सखि!

बोले प्रेम विकल होता है,
अनबोले, सारा दुःख सह सखि!

कितना प्यार, जान मत यह सखि!

सीमा, बन्ध, मृत्यु से आगे
बसती कहीं प्रीति अहरह सखि!

[4]

तृणवत् धधक-धधक मत जल सखि!

ओदी आँच धुनी बिरहिन की,
नहीं लपट की चहल-पहल सखि!

अन्तर्दाह मधुर मंगल सखि!

प्रीति-स्वाद कुछ ज्ञात उसे, जो
सुलग रहा तिल-तिल, पल-पल सखि!

[रसवन्ती]

वर्षा-गान

दूर देश के अतिथि व्योम में छाये घन काले सजनी,
अंग-अंग पुलकित वसुधा के शीतल, हरियाले सजनी!

भींग रहीं अलकें संध्या की, रिमझिम बरस रहे जलधर,
फूट रहे बुलबुले या कि मेरे उर के छाले सजनी!

किसका मातम? कौन बिखेरे बाल आज नभ पर आई?
रोई यों जी खोल, चले बह आँसू के नाले सजनी!

आई याद आज अलका की, किन्तु, पन्थ का ज्ञान नहीं,
विस्मृत पथ पर चले मेघ दामिनी-दीप बाले सजनी!

चिर नवीन कवि-स्वप्न, यज्ञ के अब भी दीन, सजल लोचन;
उत्कण्ठित विरहिणी खड़ी अब भी झूला डाले सजनी!

बुझती नहीं जलन अन्तर की, बरसें दृग, बरसें जलधर;
मैंने भी क्या हाय, हृदय में अंगारे पाले सजनी!

धुलकर हँसा विश्व का तृण-तृण मेरी ही चिन्ता न धुली;
पल-भर को भी हाय, व्यथाएँ टलीं नहीं टाले सजनी!

किन्तु, आज क्षिति का मंगल क्षण, यह मेरा क्रन्दन कैसा?
गीत-मग्न घन-गगन, आज तू भी मलार गा ले सजनी!

[रेणुका]

स्वर्ण घन

उठो, क्षितिज-तट छोड़ गगन में कनक-वरण घन हे!
बरसो, बरसो, भरें रंग से निखिल प्राण-मन हे!

भींगे भुवन सुधा-वर्षण में,
उगे इन्द्र-धनुषी मन-मन में,
भूले क्षण-भर व्यथा समर-जर्जर विषण्ण जन हे!
उठो, क्षितिज-तट छोड़ गगन में कनक-वरण घन हे!

गरजे गुरु-गम्भीर घनाली,
प्रमुदित उड़ें मराल-मराली,

खुलें जगत् के जड़ित-अन्ध रस के वातायन हे!
उठो, क्षितिज-तट छोड़ गगन में कनक-वरण घन हे!

बरसे रिम-झिम रंग गगन से,
भींगे स्वप्न निकल मन-मन से,
करे कल्पना की तरंग पर मानव नर्तन हे!
उठो, क्षितिज-तट छोड़ गगन में कनक-वरण घन हे!

जय हो, रंजित धनुष बढ़ाओ,
भू को नभ के साथ मिलाओ,
भरो, भरो, भू की श्रुति में निज अनुरंजन स्वन हे!
उठो, क्षितिज-तट छोड़ गगन में कनक-वरण घन हे!

[मृत्ति-तिलक]

धीरे-धीरे गा

बटोही, धीरे-धीरे गा।

[1]

बोल रही जो आग उबल तेरे दर्दीले सुर में,
कुछ वैसी ही शिखा एक सोई है मेरे उर में,
जलती बत्ती छुला न यह निर्वापित दीप जला।
बटोही, धीरे-धीरे गा।

[2]

फुँकी जा रही रात, दाह से झुलस रहे सब तारे,
फूल नहीं, लय से पड़ते हैं झड़े तप्त अंगारे।
मन की शिखा सँभाल, न यों दुनिया में आग लगा।
बटोही, धीरे-धीरे गा।

[3]

दगा दे गया भाग? कि कोई बिछुड़ गया है अपना?
मनसूबे जल गए? कि कोई टूट गया है सपना?
किसी निठुर, निर्मोही के हाथों या गया छला?
बटोही, धीरे-धीरे गा।

[4]

करुणा का आवेग कि तेरा हृदय कढ़ा आता है?
लगता है, स्वर के भीतर से प्रलय बढ़ा आता है?
आहों से फूँकने जगत्-भर का क्यों हृदय चला?
बटोही, धीरे-धीरे गा।

[5]

अनगिनती सूखी आँखों से झरने होंगे जारी,
टूटेंगी पपड़ियाँ हृदय की, फूटेगी चिनगारी।
दुखियों का जीवन कुरेदना भी है पाप बड़ा।
बटोही, धीरे-धीरे गा।

[6]

नेह लगाने का जग में परिणाम यही होता है,
एक भूल के लिए आदमी जीवन-भर रोता है।
अश्रु पोंछनेवाला जग में विरले को मिलता।
बटोही, धीरे-धीरे गा।

[7]

एक भेद है, सुन मतवाले, दर्द न खोल कहीं जा,
मन में मन की आह पचा ले, जहर खुशी से पी जा।
व्यंजित होगी व्यथा, गीत में खुद मत कभी समा।
बटोही, धीरे-धीरे गा।

[सामधेनी]

निमंत्रण

तिमिर में स्वर के बाले दीप, आज फिर आता है कोई।

[1]

'हवा में कब तक ठहरी हुई
रहेगी जलती हुई मशाल?
थकी तेरी मुट्ठी यदि वीर,
सकेगा इसको कौन सँभाल?'

अनल-गिरि पर से मुझे पुकार, राग यह गाता है कोई।

[2]

हलाहल का दुर्जय विस्फोट,
भरा अंगारों से तूफान,
दहकता-जलता हुआ खगोल,
कड़कता हुआ दीप्त अभिमान।

निकट ही कहीं प्रलय का स्वप्न, मुझे दिखलाता है कोई।

[3]

सुलगती नहीं यज्ञ की आग,
दिशा धूमिल, यजमान अधीर;
पुरोधा-कवि कोई है यहाँ?
देश को दे ज्वाला के तीर।

धुओं में किसी वह्नि का आज निमन्त्रण लाता है कोई।

[सामधेनी]

आशा का दीपक

वह प्रदीप जो दीख रहा है झिलमिल, दूर नहीं है;
थक कर बैठ गए क्या भाई! मंजिल दूर नहीं है।

[1]

चिनगारी बन गई लहू की
बूँद गिरी जो पग से;
चमक रहे, पीछे मुड़ देखो,
चरण-चिह्न जगमग-से।
शुरू हुई आराध्य-भूमि यह,
क्लान्ति नहीं रे राही;

और नहीं तो पाँव लगे हैं;
क्यों पड़ने डगमग-से?

बाकी होश तभी तक, जब तक जलता तूर नहीं है;
थककर बैठ गए क्या भाई! मंजिल दूर नहीं है।

[2]

अपनी हड्डी की मशाल से
हृदय चीरते तम का,
सारी रात चले तुम दुःख
झेलते कुलिश निर्मम का।
एक खेय है शेष, किसी विध
पार उसे कर आओ;
वह देखो उस पार चमकता
है मन्दिर प्रियतम का।

आकर इतना पास फिरे, वह सच्चा शूर नहीं है,
थककर बैठ गए क्या भाई! मंजिल दूर नहीं है।

[3]

दिशा दीप्त हो उठी प्राप्त कर
पुण्य-प्रकाश तुम्हारा,
लिखा जा चुका अनल-अक्षरों
में इतिहास तुम्हारा।

जिस मिट्टी ने लहू पिया,
वह फूल खिलाएगी ही,
अम्बर पर घन बन छाएगा
ही उच्छ्वास तुम्हारा।

और अधिक ले जाँच, देवता इतना क्रूर नहीं है।
थककर बैठ गए क्या भाई! मंजिल दूर नहीं है।

[सामधेनी]

प्रभाती

रे प्रवासी, जाग, तेरे
देश का संवाद आया।

[1]

भेदमय संदेश सुन पुलकित
खगों ने चंचु खोली;
प्रेम से झुक-झुक प्रणति में
पादपों की पंक्ति डोली।
दूर प्राची की तटी से
विश्व का तृण-तृण जगाता

फिर उदय की वायु का वन में
सुपरिचित नाद आया।

रे प्रवासी, जाग, तेरे
देश का संवाद आया।

[2]

व्योम-सर में हो उठा विकसित
अरुण आलोक-शतदल;
चिर-दुःखी धरणी विभा में
हो रही आनन्द-विह्वल।
चूमकर प्रति रोम से सिर
पर चढ़ा वरदान प्रभु का,
रश्मि-अंजलि में पिता का
स्नेह-आशीर्वाद आया।

रे प्रवासी, जाग, तेरे
देश का संवाद आया।

[3]

सिन्धु-तट का आर्य भावुक
आज जग मेरे हृदय में
खोजता उद्गम विभा का
दीप्त-मुख विस्मित उदय में;

उग रहा जिस क्षितिज-रेखा
से अरुण, उसके परे क्या?
एक भूला देश धूमिल-
सा मुझे क्यों याद आया?

रे प्रवासी, जाग, तेरे
देश का संवाद आया।

[रसवन्ती]

जागरण

[वसन्त के प्रति शिशिर की उक्ति]

मैं शिशिर-शीर्णा चली, अब जाग ओ मधुमासवाली!

[1]

खोल दृग, मधु नींद तज, तंद्रालसे, रूपसि विजन की!
साज नव शृंगार, मधु-घट संग ले, कर सुधि भुवन की।
विश्व में तृण-तृण जगी है आज मधु की प्यास आली!
मैं शिशिर-शीर्णा चली, अब जाग ओ मधुमासवाली!

[2]

वर्ष की कविता सुनाने खोजते पिक मौन भोले,
स्पर्श कर द्रुत बौरने को आम्र आकुल बाँह खोले;
पंथ में कोरकवती जूही खड़ी ले नम्र डाली।
मैं शिशिर-शीर्णा चली, अब जाग ओ मधुमासवाली!

[3]

लौट जाता गंधवह सौरभ बिना फिर-फिर मलय को,
पुष्पशर चिन्तित खड़ा संसार के उर की विजय को।
मौन खग विस्मित, कहाँ अटकी मधुर उल्लासवाली?
मैं शिशिर-शीर्णा चली, अब जाग ओ मधुमासवाली!

[4]

मुक्त करने को विकल है लाज की मधु-प्रीति कारा;
विश्व-यौवन की शिरा में नाचते को रक्त धारा।
चाहती छाना दृगों में आज तजकर गाल लाली।
मैं शिशिर-शीर्णा चली, अब जाग ओ मधुमासवाली!

[5]

है विकल उल्लास वसुधा के हृदय से फूटने को,
प्रात-अंचल-ग्रंथि से नव रश्मि चंचल छूटने को।

मद्य पीने को खड़े हैं भृंग लेकर रिक्त प्याली।
मैं शिशिर-शीर्णा चली, अब जाग ओ मधुमासवाली!

[6]

इन्द्र की धनुषी बनी तितली पवन में डोलती है;
अप्सराएँ भूमि के हित पंख-पट निज खोलती हैं।
आज बन साकार छाना चाहते कवि स्वप्न आली!
मैं शिशिर-शीर्णा चली, अब जाग ओ मधुमासवाली!

[रेणुका]

प्रणति-1

कलम! आज उनकी जय बोल!

जला अस्थियाँ बारी-बारी
छिटकाई जिनने चिनगारी,
जो चढ़ गए पुण्य वेदी पर लिये बिना गरदन का मोल।
कलम, आज उनकी जय बोल!

ओ अगणित लघु दीप हमारे
तूफानों में एक किनारे,
जल-जलकर बुझ गए, किसी दिन माँगा नहीं स्नेह मुँह खोल।
कलम, आज उनकी जय बोल!

पीकर जिनकी लाल शिखाएँ
उगल रहीं लू-लपट दिशाएँ,
जिनके सिंहनाद से सहमी धरती रही अभी तक डोल।
कलम, आज उनकी जय बोल!

अन्धा चकाचौंध का मारा
क्या जाने इतिहास बेचारा?
साखी हैं उनकी महिमा के सूर्य, चन्द्र, भूगोल, खगोल।
कलम, आज उनकी जय बोल!

प्रणति-2

नमन उन्हें मेरा शत बार!

सूख रही है बोटी-बोटी,
मिलती नहीं घास की रोटी,
गढ़ते हैं इतिहास देश का, सहकर कठिन क्षुधा की मार।
नमन उन्हें मेरा शत बार!

अर्द्ध नग्न जिनकी प्रिय माया,
शिशु विषण्ण-मुख, जर्जर-काया;
रण की ओर चरण दृढ़ जिनके, मन के पीछे करुण पुकार।
नमन उन्हें मेरा शत बार!

जिनकी चढ़ती हुई जवानी
खोज रही अपनी कुरबानी,
जलन एक जिनकी अभिलाषा, मरण एक जिनका त्यौहार।
नमन उन्हें मेरा शत बार!

दुखी स्वयं सबका दुःख लेकर,
स्वयं रिक्त सबको सुख देकर,
जिनका दिया अमृत जग पीता, कालकूट उनका आहार।
नमन उन्हें मेरा शत बार!

वीर, तुम्हारा लिये सहारा,
टिका हुआ है भूतल सारा,
होते तुम न कहीं, तो कब को उलट गया होता संसार।
नमन उन्हें मेरा शत बार!

चरण-धूलि दो, शीश लगा लूँ,
जीवन का बल-तेज जगा लूँ,
मैं निवास जिस मूक स्वप्न का, तुम उसके सक्रिय अवतार।
नमन उन्हें मेरा शत बार!

प्रणति-3

आने वालो, तुम्हें प्रणाम!

'जय हो' नव होतागण, आओ,
संग नई आहुतियाँ लाओ,
जो कुछ बने, फेंकते जाओ, यज्ञ जानता नहीं विराम,
आने वालो, तुम्हें प्रणाम!

टूटी नहीं शिला की कारा
लौट गई टकराकर धारा,
सौ धिक्कार तुम्हें यौवन के वेगवन्त निर्झर उद्दाम!
आने वालो, तुम्हें प्रणाम!

फिर डंके पर चोट पड़ी है,
मौत चुनौती लिये खड़ी है,
लिखने चली आग, अम्बर पर कौन लिखाएगा निज नाम?
आने वालो, तुम्हें प्रणाम!

प्रणति-4

आगे आओ वीर जवान!

दिशा तप्त हो लरज रही है,
घटा क्रोध से गरज रही है,
लाल-लाल टुकड़े उड़ते हैं, उठा चाहता है तूफान।
आगे आओ वीर जवान!

दुस्तर पारावार अगम है,
सम्मुख शैल प्रांशु, दुर्गम है,
है कोई, जो इन्हें लाँघकर करे आज दुर्जय अभियान?
आगे आओ वीर जवान!

क्षीण हुई जाती है लाली,
होम-शिखा है बुझने वाली,
एक लपट के लिए सिद्धि है रुकी, करो नव स्नेह प्रदान।
आगे आओ वीर जवान!

[हुंकार]

साथी

उसे भी देख, जो भीतर भरा अंगार है साथी!

[1]

सियाही देखता है, देखता है तू अँधेरे को,
किरण को घेर कर छाए हुए विकराल घेरे को।
उसे भी देख, जो इस बाहरी तम को बहा सकती,
दबी तेरे लहू में रौशनी की धार है साथी?

[2]

पड़ी थी नींव तेरी चाँद-सूरज के उजाले पर,
तपस्या पर, लहू पर, आग पर, तलवार-भाले पर।
डरे तू नाउम्मेदी से, कभी यह हो नहीं सकता,
कि तुझमें ज्योति का अक्षय भरा भण्डार है साथी?

[3]

बवण्डर चीखता लौटा फिरा तूफान जाता है,
डराने के लिए तुझको नया भूडोल आता है;
नया मैदान है राही, गरजना है नये बल से;
उठा, इस बार वह जो आखिरी हुंकार है साथी?

[4]

विनय की रागिनी में बीन के ये तार बजते हैं,
रुदन बजता, सजग हो क्षोभ-हाहाकार बजते हैं।
बजा, इस बार दीपक-राग कोई आखिरी सुर में;
छिपा इस बीन में ही आग वाला तार है साथी।

[5]

गरजते शेर आए, सामने फिर भेड़िये आए,
नखों को तेज, दाँतों को बहुत तीखा किये आए।
मगर, परवाह क्या? हो जा खड़ा तू तानकर उसको,
छिपी जो हड्डियों में आग-सी तलवार है साथी।

[6]

शिखर पर तू, न तेरी राह बाकी दाहिने-बायें,
खड़ी आगे दरी यह मौत-सी विकराल मुँह बाये,
कदम पीछे हटाया तो अभी ईमान जाता है,
उछल जा, कूद जा, पल में दरी यह पार है साथी।

[7]

न रुकना है तुझे झण्डा उड़ा केवल पहाड़ों पर,
विजय पानी है तुझको चाँद-सूरज पर, सितारों पर।
वधू रहती जहाँ नरवीर की, तलवार वालों की,
जमीं वह इस जरा से आसमाँ के पार है साथी?

[8]

भुजाओं पर मही का भार फूलों-सा उठाये जा,
कँपाये जा गगन को, इन्द्र का आसन हिलाये जा।
जहाँ में एक ही है रौशनी, वह नाम की तेरे,
जमीं को एक तेरी आग का आधार है साथी?

[सामधेनी]

किसको नमन करूँ मैं?

तुझको या तेरे नदीश, गिरि, वन को नमन करूँ मैं?
मेरे प्यारे देश! देह या मन को नमन करूँ मैं?

किसको नमन करूँ मैं भारत, किसको नमन करूँ मैं?

[1]

भू के मानचित्र पर अंकित त्रिभुज, यही क्या तू है?
नर के नभश्चरण की दृढ़ कल्पना नहीं क्या तू है?
भेदों का ज्ञाता, निगूढ़ताओं का चिर ज्ञानी है;
मेरे प्यारे देश! नहीं तू पत्थर है, पानी है।

जड़ताओं में छिपे किसी चेतन को नमन करूँ मैं?
किसको नमन करूँ मैं भारत, किसको नमन करूँ मैं?

[2]

तू वह, नर ने जिसे बहुत ऊँचा चढ़कर पाया था;
तू वह, जो सन्देश भूमि को अम्बर से आया था।
तू वह, जिसका ध्यान आज भी मन सुरभित करता है;
थकी हुई आत्मा में उड़ने की उमंग भरता है।

गन्ध-निकेतन इस अदृश्य उपवन को नमन करूँ मैं?
किसको नमन करूँ मैं भारत, किसको नमन करूँ मैं?

[3]

वहाँ नहीं तू जहाँ जनों से ही मनुजों को भय है;
सबको सबसे त्रास सदा सब पर सबका संशय है।
जहाँ स्नेह के सहज स्रोत से हटे हुए जनगण हैं,
झंडों या नारों के नीचे बँटे हुए जनगण हैं।

कैसे इस कुत्सित, विभक्त जीवन को नमन करूँ मैं?
किसको नमन करूँ मैं भारत, किसको नमन करूँ मैं?

[4]

तू तो है वह लोक, जहाँ उन्मुक्त मनुज का मन है;
समरसता को लिये प्रवाहित शीत-स्निग्ध जीवन है।

जहाँ पहुँच मानते नहीं नर-नारी दिग्बन्धन को;
आत्म-रूप देखते प्रेम में भरकर निखिल भुवन को।

कहीं खोज इस रुचिर स्वप्न पावन को नमन करूँ मैं?
किसको नमन करूँ मैं भारत, किसको नमन करूँ मैं?

[5]

भारत नहीं स्थान का वाचक, गुण विशेष नर का है,
एक देश का नहीं, शील यह भूमंडल भर का है।
जहाँ कहीं एकता अखंडित, जहाँ प्रेम का स्वर है;
देश-देश में वहाँ खड़ा भारत जीवित भास्वर है।

निखिल विश्व को जन्मभूमि-वन्दन को नमन करूँ मैं।
किसको नमन करूँ मैं भारत, किसको नमन करूँ मैं?

[6]

खंडित है यह मही शैल से, सरिता से, सागर से;
पर, जब भी दो हाथ निकल मिलते आ द्वीपान्तर से;
तब खाई को पाट शून्य में महा मोद मचता है;
दो द्वीपों के बीच सेतु यह भारत ही रचता है।

मंगलमय इस महासेतु-बन्धन को नमन करूँ मैं।
किसको नमन करूँ मैं भारत, किसको नमन करूँ मैं?

[7]

दो हृदयों के तार जहाँ भी जो जन जोड़ रहे हैं,
मित्र-भाव की ओर विश्व की गति को मोड़ रहे हैं।
घोल रहे हैं जो जीवन-सरिता में प्रेम-रसायन,
खोल रहे हैं देश-देश के बीच मुँदे वातायन।

आत्मबन्धु कह कर ऐसे जन-जन को नमन करूँ मैं।
किसको नमन करूँ मैं भारत, किसको नमन करूँ मैं?

[8]

उठे जहाँ भी घोष शान्ति का, भारत, स्वर तेरा है,
धर्म-दीप हो जिसके भी कर में, वह नर तेरा है।
तेरा है वह वीर, सत्य पर जो अड़ने जाता है,
किसी न्याय के लिए प्राण अर्पित करने जाता है।

मानवता के इस ललाट-चन्दन को नमन करूँ मैं।
किसको नमन करूँ मैं भारत, किसको नमन करूँ मैं?

[नील कुसुम]

नई आवाज

कभी की जा चुकीं नीचे यहाँ की वेदनाएँ,
नये स्वर के लिए तू क्या गगन को छानता है?

[1]

बताएँ भेद क्या तारे? उन्हें कुछ ज्ञात भी हो।
कहे क्या चाँद? उसके पास कोई बात भी हो।
निशानी तो घटा पर है, मगर, किसके चरण की?
यहाँ पर भी नहीं यह राज कोई जानता है।

[2]

सनातन है, अचल है, स्वर्ग चलता ही नहीं है;
तृषा की आग में पड़कर पिघलता ही नहीं कै।
मजे मालूम ही जिसको नहीं बेताबियों के,
नई आवाज की दुनिया उसे क्यों मानता है?

[3]

धुओं का देश है नादान! यह छलना बड़ी है,
नई अनुभूतियों की खान वह नीचे पड़ी है।
मुसीबत से बिंधी जो जिन्दगी, रौशन हुई वह,
किरण को ढूँढ़ता, लेकिन, नहीं पहचानता है।

[4]

गगन में तो नहीं, बाकी जरा कुछ है अनल में,
नये स्वर का भरा है कोष पर, अब तक अतल में।
कढ़ेगी तोड़कर कारा अभी धारा सुधा की,
शरासन को श्रवण तक तू नहीं क्यों तानता है?

[5]

नया स्वर खोजने वाले! तलातल तोड़ता जा,
कदम जिस पर पड़ें तेरे, सतह वह छोड़ता जा;
नई झंकार की दुनिया खतम होती कहाँ पर?
वही कुछ जानता, सीमा नहीं जो मानता है।

[6]

वहाँ क्या है कि फव्वारे जहाँ से छूटते हैं?
जरा-सी नम हुई मिट्टी कि अंकुर फूटते हैं?
बरसता जो गगन से, वह जमा होता मही में,
उतरने को अतल में क्यों नहीं हठ ठानता है?

[7]

हृदय-जल में सिमट कर डूब, इसकी थाह तो ले,
रसों के ताल में नीचे उतर अवगाह तो ले।
सरोवर छोड़ कर तू बूँद पीने की खुशी में,
गगन के फूल पर शायक वृथा संधानता है।

[धूप और धुआँ]

कल्पना का गीत-1

[नालन्दा के खँडहर के पास]

यह खँडहर किस स्वर्ण-अजिर का?

धूलों में सो रहा टूटकर रत्नशिखर किसके मन्दिर का?
यह खँडहर किस स्वर्ण-अजिर का?

यह किस तापस की समाधि है?
किसका यह उजड़ा उपवन है?
ईंट-ईंट हो बिखर गया यह
किस रानी का राजभवन है?

यहाँ कौन है, रुक-रुक जिसको
रवि-शशि नमन किये जाते हैं?
जलद जोड़ते हाथ और
आँसू का अर्घ्य दिये जाते हैं?

प्रकृति यहाँ गम्भीर खड़ी
किसकी सुषमा का ध्यान रही कर?
हवा यहाँ किसके वन्दन में
चलती रुक-रुक, ठहर-ठहर कर?

है कोई इस शून्य प्रान्त में
जो यह भेद मुझे समझा दे,
रजकण में जो किरण सो रही
उसका मुझको दरस दिखा दे?

[मगध-महिमा]

इतिहास का गीत-1

[1]

कोमले! धीरे-धीरे गा!

यह टूटा प्रासाद सिद्धि का, महिमा का खँडहर है;
ज्ञानपीठ यह मानवता की तपोभूमि उर्वर है।
इस पावन गौरव-समाधि को सादर सीस झुका।
कोमले! धीरे-धीरे गा!

[2]

सुधा-सर का करते संधान।
उरुवेला में यहीं कहीं विचरे गौतम गुणवान!
बैठे तरुतल यहीं लगा मुनि सहस्रार में ध्यान;
यहीं मिला बुद्धत्व, तथागत हुए यहीं भगवान।
सुधा-सर का करते संधान।

[3]

कल्पने! पूछ न कोई बात!
यह मिट्टी वह, खिला धर्म का कमल जहाँ अवदात;
फूटा जहाँ मृदुल करुणा का पहला दिव्य प्रपात।
कल्पने! पूछ न कोई बात।

[मगध-महिमा]

सुजाता का गीत

[गौतम के प्रति]

हमारे पूरे ज्यों मन-काम।

पूर्ण करें वट-देव! तुम्हारी भी इच्छा त्यों राम।
हमारे पूरे ज्यों मन-काम।

जैसे आसमान में तारे,
फूले त्यों संकल्प तुम्हारे,
अन्धकार में उगो, देवता! तुम शशि-सूर्य समान।

जग को स्नेह-सलिल से सींचो,
जीव-जीव पर अमृत उलीचो,
रहे उजागर नाम तुम्हारा देश-देश, प्रति धाम।

भरी गोद मेरी यह जैसे,
पूर्णकाम तुम भी हो वैसे,
मिला मुझे ज्यों तोष देव! त्यों मिले तुम्हें उपराम।
हमारे पूरे ज्यों मन-काम।

[मगध-महिमा]

गौतम का गीत

[सुजाता के प्रति]

तुम्हारे हाथों की यह खीर।

माँ, बल दे, मैं तोड़ सकूँ भव की दारुण जंजीर।
तुम्हारे हाथों की यह खीर।

यहाँ जन्म से मरण-काल तक केवल दुःख-ही-दुःख है;
वह भी है निस्सार, दीखता जहाँ-तहाँ जो सुख है।
फूलों-सा दो दिन हँसकर झर पड़ता मनुज-शरीर।
तुम्हारे हाथों की यह खीर।

मैं हूँ कौन? कौन तुम? हम दोनों में क्या नाता है?
खेल खेल दो रोज, मनुज फिर चला कहाँ जाता है?
सता रहे हैं मुझे, जननि! ये प्रश्न गहन-गम्भीर।
तुम्हारे हाथों की यह खीर।

खोज रहा हूँ जिसे, अमृत की अगर मिली वह धार;
नर के साथ देवताओं का भी होगा उद्धार।
हैं जल रहे अदृश्य आग में तीनों लोक अधीर।
तुम्हारे हाथों की यह खीर।

रवि-सा उगूँ तिमिर में, सच ही, यह मेरी अभिलाषा,
आज देखकर तुम्हें विजय की हुई और दृढ़ आशा।
आशीष दो, ला सकूँ जगत के मरु में शीतल नीर।
तुम्हारे हाथों की यह खीर।

[मगध-महिमा]

कल्पना का गीत-2

[नालन्दा के खँडहर के पास]

कौन है इस गह्वर के पार?

रजकण में यह लोट रहा किस गरिमा का शृंगार?
कौन है इस गह्वर के पार?

धूल फूल-सी मह-मह करती,
चारों ओर सुरभि है भरती,
उपवन था वह कौन यहाँ, जो हुआ सुलग कर क्षार?
कौन है इस गह्वर के पार?

जन-रव का मुकुलित कल-कल है,
तिमिर-कक्ष में कोलाहल है,
झनक रही है अन्धकार में यह किसकी तलवार?
कौन है इस गह्वर के पार?

दीपित देश-विदेश अभी भी,
विभा विमल है शेष अभी भी,
जला गया यह अमर धर्म का दीपक कौन उदार?
कौन है इस गह्वर के पार?

[मगध-महिमा]

इतिहास का गीत-2

कल्पने! धीरे-धीरे बोल!

पग-पग पर सैनिक सोता है, पग-पग पर सो वीर,
कदम-कदम पर यहाँ बिछा है ज्ञानपीठ गम्भीर।
यह गह्वर प्राचीन अस्तमित गौरव का खँडहर है!
सूखी हुई सरित का तट यह उजड़ा हुआ नगर है।

[मगध-महिमा]

अशोक का गीत

गूँजे धर्म का जयगान।

शान्ति-सेवा में लगे समवेत तन, मन, प्राण।
व्यर्थ प्रभुता का तिमिर मद, व्यर्थ तन की जीत,
सार केवल मानवों से मानवों की प्रीति।
मृत्ति पर रेखा विजय की खींचते हम लाल,
मेटता उसको हमारी पीठ-पीछे काल।
पर, विजय की एक भू है और जिसके पास
मृत्यु जा सकती न, करती है अमरता वास।
ज्योति का वह देश, करुणा की जहाँ है छाँह।

अबल भी उठते जहाँ घर कर बली की बाँह।
दृग वही, जो कर सके उस मूर्ति का सन्धान,
जो वहाँ पहुँचा सके, सच्चा वही उत्थान।
गूँजे धर्म का जयगान।

[मगध-महिमा]

इतिहास का गीत-3

[1]

कल्पने! तब आया वह काल।

उठा जगत में धर्म-तिलक-दीपित भारत का भाल।
फिलस्तीन, ईरान, मिस्र, तिब्बत, सिंहल, जापान,
चीन, श्याम, सबने भारत के पद परसे गुरु मान।
भींग गई करुणा के जल से, धरणी हुई निहाल।
कल्पने! तब आया वह काल।

[2]

करुणा की नई झंकार।

साधना की बीन से निकली अधीर पुकार।
स्नेह मानव का विभूषण, स्नेह जीवन-सार।
सत्य को नर ने निहारा, स्यात्, पहली बार।
फट गया अन्तर जयी का देख नर-संहार,
जीतकर भी झुक गई संकोच से तलवार।
करुणा की नई झंकार।

[3]

कल्पने! जीवन के उस पार।

चमक उठा आँखों के आगे एक नया संसार।
प्राणों की जब सुनी प्राण ने करुणा-सिक्त पुकार,
चू करके गिर गई मुष्टि से स्वयं स्रस्त तलवार।
कल्पने! जीवन के उस पार।

[4]

दया की हुई जयश्री चेरी।

सकल विश्व में नृप अशोक की बजी धर्म की भेरी।
मैत्री ने मन पर मनुष्य के नई तूलिका फेरी।

जीवन के पावन स्वरूप की करुणा हुई चितेरी।
दया की हुई जयश्री चेरी।

[5]

कल्पने! यह संदेश हमारा।

बसता कहीं परिधि से आगे जीवन का ध्रुवतारा।
पा न सके हम उसे सतह के ऊपर कोलाहल में,
मिला हमें वह जब हम डूबे अपने हृदय-अतल में।

[मगध-महिमा]

हारे को हरि नाम

सब शोकों का एक नाम है क्षमा,
हृदय, आकुल मत होना।

[1]

दहक उठे जो अंगारे बन नये,
कुसुम-कोमल सपने थे।
अन्तर में जो गाँस मार कर गये,
अधिक सबसे अपने थे।
अब चल उसके द्वार, सहज जिसकी करुणा है।

और कहाँ, किसका आँसू कब थमा?
हृदय, आकुल मत होना।

[2]

आघातों से हो विषण्ण म्रियमाण
गान मत छोड़ अभय का।
और न कर अब अधिक मार्ग-संधान
सिद्धि का, दैहिक जय का।
सुख निद्रा की निशा, विपद जागरण प्रात का।
किरणों पर चढ़ पकड़ प्रकृति उत्तमा।
हृदय, आकुल मत होना।

[3]

उषः लोक का पुलकाकुल कल रोर
मधुर जिसका प्रसाद है।
दुर्दिन की झंझा में वज्र-कठोर
उसी का शंखनाद है।
जिसका दिवस ललाट, उसी का निशा चिकुर है।
रम उसमें जो है दिगन्त में रमा।
हृदय आकुल मत होना।

[हारे को हरि नाम]

जमीन दो, जमीन दो

सुरम्य शान्ति के लिए, जमीन दो, जमीन दो,
महान् क्रान्ति के लिए, जमीन दो, जमीन दो।

[1]

जमीन दो कि देश का अभाव दूर हो सके,
जमीन दो कि द्वेष का प्रभाव दूर हो सके,
जमीन दो कि भूमिहीन लोग काम पा सकें,
उठा कुदाल बाजुओं का जोर आजमा सकें।

महा विकास के लिए, जमीन दो, जमीन दो,
नये प्रकाश के लिए, जमीन दो, जमीन दो।

[2]

जमीन दो, समाज से कड़ी पुकार आ रही,
जमीन दो कि एक माँग बार-बार आ रही।
जमीन मातृ-रूपिणी पुनीत है, पवित्र है,
जमीन, वारि, वायु का समान ही चरित्र है।

पुनीत कर्म के लिए, जमीन दो, जमीन दो,
नवीन धर्म के लिए, जमीन दो, जमीन दो।

[3]

जमीन चाहिए समाज के समत्व के लिए,
स्वराज्य के लिए, स्वदेश के महत्त्व के लिए।
मनुष्यता के मान के लिए जमीन चाहिए,
बहुत दुखी किसान के लिए जमीन चाहिए।

विपन्न, निःस्व के लिए जमीन दो, जमीन दो,
क्षुधार्त्त विश्व के लिए जमीन दो, जमीन दो।

[4]

जमीन दो कि शान्ति से नया समाज ला सकें,
जमीन दो कि राह विश्व को नई दिखा सकें,

जमीन दो कि प्रेम से समत्व-सिद्धि पा सकें,
जमीन दो कि दान से कृपण को लजा सकें।

सुरम्य शान्ति के लिए, जमीन दो, जमीन दो।
महान क्रान्ति के लिए, जमीन दो, जमीन दो।

[नीलकुसुम]

जवानी का झंडा

घटा फाड़ कर जगमगाता हुआ
आ गया देख, ज्वाला का बान;
खड़ा हो, जवानी का झंडा उड़ा,
ओ मेरे देश के नौजवान!

[1]

सहम करके चुप हो गए थे समुंदर
अभी सुन के तेरी दहाड़,
जमीं हिल रही थी, जहाँ हिल रहा था,

अभी हिल रहे थे पहाड़;
अभी क्या हुआ? किसके जादू ने आकर के
शेरों की सी दी जबान?
खड़ा हो, जवानी का झंडा उड़ा,
ओर मेरे देश के नौजवान!

[2]

खड़ा हो कि पच्छिम के कुचले हुए लोग
उठने लगे ले मशाल[1]
खड़ा हो कि पूरब की छाती से भी
फूटने को हैं ज्वाला कराल!
खड़ा हो कि फिर फूँक विष की लगा
धुर्जटी ने बजाया विषान,
खड़ा हो, जवानी का झंडा उड़ा,
ओ मेरे देश के नौजवान!

[3]

गरज कर बता सबको, मारे किसी के
मरेगा नहीं हिन्द-देश,
लहू की नदी तैर कर आ गया है,
कहीं से कहीं हिन्द-देश
लड़ाई के मैदान में चल रहे लेके

1. यूनान के युद्धोत्तर विद्रोह के समय रचित।

हम उसका उड़ता निशान,
खड़ा हो, जवानी का झंडा उड़ा,
ओ मेरे देश के नौजवान!

[4]

अहा! जगमगाने लगी रात की
माँग में रोशनी की लकीर,
अहा! फूल हँसने लगे, सामने देख,
उड़ने लगा वह अबीर!
अहा! यह उषा हो के उड़ता चला
आ रहा देवता का विमान,
खड़ा हो, जवानी का झंडा उड़ा,
ओ मेरे देश के नौजवान!

[सामधेनी]

गांधी

मा भैः, मा भैः,
मा भैः, मा भैः।

मोह तिमिर है, मोह मृत्यु है, छोड़ो इसे अभागो रे!
भय का बन्धन तोड़ अमृत के पुत्र मानवो! जागो रे!
मा भैः, मा भैः।

दमन करो मत कभी, सत्य को मुख से बाहर आने दो,
भय के भीषण अन्धकार में ज्योति उसे फैलाने दो।
मा भैः, मा भैः।

जुल्मी को जुल्मी कहने से जीभ जहाँ पर डरती है,
पौरुष होता क्षार, वहाँ दम घोंट जवानी मरती है।
मा भैः, मा भैः।

सत्य न होता प्राप्त कभी भी सत्य-सत्य चिल्लाने से,
मिलता है वह सदा एक निर्भयता को अपनाने से।
मा भैः, मा भैः।

निर्भयता है ज्योति मनुज की, निर्भयता मानव का बल,
निर्भयता शूरों की शोभा, वीरों की करवाल, प्रबल।
मा भैः, मा भैः।

अभय, अभय ओ अमृतपुत्र! बेबसी, वेदना बोलो भी।
दम घुट रहा सत्य का भीतर, द्वार हृदय का खोलो भी।
मा भैः, मा भैः।

[धूप और धुआँ]

स्वाधीन भारत की सेना

जाग रहे हम वीर जवान,
जियो, जियो अय हिन्दुस्तान!

[1]

हम प्रभात की नई किरण हैं, हम दिन के आलोक नवल,
हम नवीन भारत के सैनिक, धीर, वीर, गम्भीर, अचल।
हम प्रहरी ऊँचे हिमाद्रि के, सुरभि स्वर्ग की लेते हैं।
हम हैं शान्तिदूत धरणी के, छाँह सभी को देते हैं।
वीर-प्रसू माँ की आँखों के हम नवीन उजियाले हैं।
गंगा, यमुना, हिन्द महासागर के हम रखवाले हैं।

तन, मन, धन तुम पर कुर्बान,
जियो, जियो अय हिन्दुस्तान!

[2]

हम सपूत उनके, जो नर थे अनल और मधु के मिश्रण,
जिसमें नर का तेज प्रखर था, भीतर था नारी का मन!
एक नयन संजीवन जिनका, एक नयन था हालाहल,
जितना कठिन खड्ग था कर में, उतना ही अन्तर कोमल।
थर-थर तीनों लोक काँपते थे जिनकी ललकारों पर,
स्वर्ग नाचता था रण में जिनकी पवित्र तलवारों पर।

हम उन वीरों की सन्तान,
जियो, जियो अय हिन्दुस्तान!

[3]

हम शकारि विक्रमादित्य हैं अरिदल को दलनेवाले,
रण में जमीं नहीं, दुश्मन की लाशों पर चलनेवाले।
हम अर्जुन, हम भीम, शान्ति के लिए जगत् में जीते हैं।
मगर, शत्रु हठ करे अगर तो, लहू वक्ष का पीते हैं।
हम हैं शिवा-प्रताप रोटियाँ भले घास की खाएँगे,
मगर, किसी जुल्मी के आगे, मस्तक नहीं झुकाएँगे।

देंगे जान, नहीं ईमान,
जियो, जियो अय हिन्दुस्तान।

[4]

जियो, जियो अय देश! कि पहरे पर ही जगे हुए हैं हम।
वन, पर्वत, हर तरफ चौकसी में ही लगे हुए हैं हम।
हिन्द-सिन्धु की कसम, कौन इस पर जहाज ला सकता है।
सरहद के भीतर कोई दुश्मन कैसे आ सकता है?
पर की हम कुछ नहीं चाहते, अपनी किन्तु, बचाएँगे,
जिसकी उँगली उठी, उसे हम यमपुर को पहुँचाएँगे।

हम प्रहरी यमराज-समान,
जियो, जियो अय हिन्दुस्तान!

[धूप और धुआँ]

सूखे विटप की सारिके!

सूखे विटप की सारिके!

उजड़ी-कटीली डार से
मैं देखता किस प्यार से
पहना नवल पुष्पाभरण
तृण, तरु, लता, वनराजि को
हैं जा रहे विहसित-वदन
ऋतुराज मेरे द्वार से।

मुझमें जलन है, प्यास है,
रस का नहीं आभास है,

यह देख हँसती वल्लरी,
हँसता निखिल आकाश है।
जग तो समझता है यही,
पाषाण में कुछ रस नहीं,
पर, गिरि-हृदय में क्या न
व्याकुल निर्झरों का वास है?

बाकी अभी रसनाद हो,
पिछली कथा कुछ याद हो,
तो कूक पंचम तान में,
संजीवनी भर गान में,
सूखे विटप की डार को
कर दे हरी करुणामयी;
पढ़ दे ऋचा पीयूष की,
उग जाय फिर कोंपल नई;

जीवन-गगन के दाह में
उड़ चल सजल नीहारिके!
सूखे विटप की सारिके!

[रसवन्ती]

आश्वासन-1

[1]

तृषित! धर धीर मरु में
कि जलती भूमि के उर में
कहीं प्रच्छन्न जल हो।
न रो यदि आज तरु में
सुमन की गन्ध तीखी,
स्यात, कल मधुपूर्ण फल हो।

[2]

नये पल्लव सजीले,
खिले थे जो वनश्री को
मसृण परिधान देकर;
हुए वे आज पीले,
प्रभंजन भी पधारा कुछ
नया वरदान लेकर।

[3]

दुःखों की चोट खाकर
हृदय जो कूप-सा जितना
अधिक गंभीर होगा;
उसी में वृष्टि पा कर
कभी उतना अधिक संचित
सुखों का नीर होगा।

[4]

सुधा यह तो विपिन की,
गरजती निर्झरी जो आ
रही पर्वत-शिखर से।
वृथा यह भीति घन की,
दया-घन का कहीं तुझ
पर शुभाशीर्वाद बरसे।

[5]

करें क्या बात उसकी,
कड़क उठता कभी जो
व्योम में अभिमान बनकर?
कृपा पर ज्ञात उसकी,
उतरता वृष्टि में जो सृष्टि
का कल्याण बनकर।

[6]

सदा आनन्द लूटें,
पुलक-कलिका चढ़ा या
अश्रु से पद-पद्म धोकर;
तुम्हारे बाण छूटें,
झुके हैं हम तुम्हारे हाथ
में कोदण्ड होकर।

[रसवन्ती]

गीत-अगीत

गीत, अगीत, कौन सुन्दर है?

[1]

गाकर गीत विरह के तटिनी
वेगवती बहती जाती है,
दिल हलका कर लेने को
उपलों से कुछ कहती जाती है।
तट पर एक गुलाब सोचता,
'देते स्वर यदि मुझे विधाता,

अपने पतझर के सपनों का
मैं भी जग को गीत सुनाता।'

गा-गा कर बह रही निर्झरी,
पाटल मूक खड़ा तट पर है।
गीत, अगीत कौन सुन्दर है?

[2]

बैठा शुक पर घनी डाल पर
जो खोंते पर छाया देती,
पंख फुला नीचे खोंते में
शुकी बैठ अण्डे है सेती।
गाता शुक जब किरण बसन्ती
छूती अंग पर्ण से छनकर,
किन्तु, शुकी के गीत उमड़कर
रह जाते सनेह में सनकर।

गूँज रहा शुक का स्वर वन में,
फूला मग्न शुकी का पर है।
गीत, अगीत कौन सुन्दर है?

[3]

दो प्रेमी हैं यहाँ, एक जब
बड़े साँझ आल्हा गाता है,

पहला स्वर उसकी राधा को
घर से यहाँ खींच लाता है।
चोरी-चोरी खड़ी नीम का
छाया में छिपकर सुनती है,
'हुई न क्यों मैं कड़ी गीत की
विधना?' यों मन में गुनती है।

वह गाता, पर किसी वेग से
फूल रहा इसका अन्तर है।
गीत, अगीत, कौन सुन्दर है?

[रसवन्ती]

सावन में

जेठ नहीं, यह जलन हृदय की,
उठकर जरा देख तो ले;
जगती में सावन आया है,
मायाविनी! सपने धो ले।

जलन तो था बदा भाग्य में
कविते! बारह मास तुझे;
आज विश्व की हरियाली पी
कुछ तो प्रिये, हरी हो ले।

नन्दन आन बसा मरु में,
घन के आँसू वरदान हुए;
अब तो रोना पाप नहीं,
पावस में सखि! जी भर रो ले।

अपनी बात कहूँ क्या? मेरी
भाग्य-लीक प्रतिकूल हुई;
हरियाली को देख आज फिर
हरे हुए दिल के फोले।

सुन्दरि! ज्ञात किसे, अन्तर का
उच्छल-सिन्धु विशाल बँधा?
कौन जानता तड़प रहे किस
भाँति प्राण मेरे भोले?

सौदा कितना कठिन सुहागिनि!
जो तुझसे गँठ-बन्ध करे;
अंचल पकड़ रहे वह तेरा,
संग-संग वन-वन डोले।

हाँ, सच है, छाया सुरूर तो
मोह और ममता कैसी?
मरना हो तो प्रिये प्रेम-रस,
जिये अगर बाउर हो ले।

[रसवन्ती]

भ्रमरी

पी मेरी भ्रमरी वसन्त में
अन्तर-मधु जी-भर पी ले;
कुछ तो कवि की व्यथा सफल हो,
जलूँ निरन्तर, तू जी ले।

चूस-चूस मकरन्द हृदय का
संगिनि! तू मधु-चक्र सजा,
और किसे इतिहास कहेंगे
ये लोचन गीले-गीले?

लते! कहूँ क्या, सूखी डालों
पर क्यों कोयल बोल रही?
बतलाऊँ क्या ओस यहाँ क्यों?
क्यों मेरे पल्लव पीले?

किसे कहूँ? घर-धीर सुनेगा
दीवाने की कौन व्यथा?
मेरी कड़ियाँ कसी हुईं,
बाकी सबके बन्धन ढीले।

मुझे रखा अज्ञेय, अभी तक
विश्व मुझे अज्ञेय रहा;
सिन्धु यहाँ गम्भीर, अगम,
सखि! पन्थ यहाँ ऊँचे टीले

[रसवन्ती]

रहस्य

तुम समझोगे बात हमारी?

[1]

उडु-पुंजों के कुंज सघन में,
भूल गया मैं पन्थ गगन में,
जगे-जगे आकुल पलकों में बीत गई कल रात हमारी।

[2]

अस्तोदधि की अरुण लहर में,
पूरब-ओर कनक-प्रान्तर में,
रँग-सी रही पंख उड़-उड़कर तृष्णा सायं-प्रात हमारी।

[3]

सुख-दुःख में डुबकी-सी देकर,
निकली वह देखो, कुछ लेकर,
श्वेत, नील दो पद्म करों में, सजनी सद्यःस्नात हमारी।

[रसवन्ती]

संबल

सोच रहा, कुछ गा न रहा मैं।

[1]

निज सागर को थाह रहा हूँ,
खोज गीत में राह रहा हूँ,
पर, यह तो सब कुछ अपने हित, औरों को समझा न रहा मैं।

[2]

वातायन शत खोल हृदय के,
कुछ निर्वाक् खड़ा विस्मय से,
उठा द्वार-पट चकित झाँक अपनेपन को पहचान रहा मैं।

[3]

ग्रन्थि हृदय की खोल रहा हूँ,
उन्मन-सा कुछ बोल रहा हूँ,
मन का अलस खेल यह गुनगुन, सचमुच, गीत बना न रहा मैं।

[4]

देखी दृश्य जगत की झाँकी,
अब आगे कितना है बाकी?
गहन शून्य में नग्न, अचेतन, कर अगीत का ध्यान रहा मैं।

[5]

चरण-चरण साधन का श्रम है,
गीत पथिक की शान्ति परम है,
ये मेरे संबल जीवन के, जग का मन बहला न रहा मैं।

[6]

एक निरीह-पथिक निज मग का,
मैं न सुयश-भिक्षुक इस जग का,
अपनी ही जागृति का स्वर यह, बन्धु, और कुछ गा न रहा मैं।
सोच रहा, समझा न रहा मैं।

[रसवन्ती]

प्रतीक्षा

अयि संगिनी सुनसान की!

[1]

मन में मिलन की आस है,
दृग में दरस की प्यास है,
पर ढूँढ़ता फिरता जिसे,
उसका पता मिलता नहीं,
झूठे बनी धरती बड़ी,
झूठा वृहत आकाश है।

मिलता नहीं जग में कहीं
प्रतिमा हृदय के गान की।
अयि संगिनी सुनसान की!

[2]

तुम जानती सब बात हो,
दिन हो कि आधी रात हो,
मैं जागता रहता कि कब
मंजीर की आहट मिले,
मेरे कमल-वन में उदय
किस काल पुण्य-प्रभात हो।

किस लग्न में हो जाय कब
जाने कृपा भगवान की।
अयि संगिनी सुनसान की!

[3]

मुख में हँसी, मन म्लान है,
उजड़े घरों में गान है,
जग ने सिखा रक्खा, गरल
पीकर सुधा-वर्षण करो,
मन में पचा ले आह जो,
सबसे वही बलवान है।

उर में पुरातन पीर, मुख
पर द्युति नई मुस्कान की।
अयि संगिनी सुनसान की!

[रसवन्ती]

शेष गान

संगिनी, जी भर गा न सका मैं।

[1]

गायन एक व्याज इस मन का,
मूल ध्येय दर्शन जीवन का।
रँगता रहा गुलाब, पटी पर अपना चित्र उठा न सका मैं।

[2]

इन गीतों में रश्मि अरुण है,
बाल ऊर्मि, दिनमान तरुण है।
बँधे अमित अपरूप रूप, गीतों में स्वयं समा न सका मैं।

[3]

बँधे सिमट कुछ भाव प्रणय के,
कुछ भय, कुछ विश्वास हृदय के,
पर, इनसे जो परे तत्त्व, वर्णों में उसे बिठा न सका मैं।

[4]

घूम चुकी कल्पना गगन में,
विजय विपिन, नन्दन, कानन में।
अग-जग घूम थका, लेकिन, अपने घर अब तक आ न सका मैं।

[5]

गाता गीत विजय-मद-माता,
मैं अपने तक पहुँच न पाता।
स्मृति-पूजन में कभी देवता को दो फूल चढ़ा न सका मैं।

[6]

परिधि-परिधि में घूम रहा हूँ,
गन्ध-मात्र से झूम रहा हूँ।
जो अपीत रस-पात्र अचुम्बित, उस पर अधर लगा न सका मैं।

[7]

सम्मुख एक ज्योति झिलमिल है,
हँसता एक कुसुम खिलखिल है।
देख-देख मैं चित्र बनाता, फिर भी चित्र बना न सका मैं।

[8]

पट पर पट मैं खींच हटाता,
फिर भी कुछ अदृश्य रह जाता।
यह मायामय भेद कौन? मन को अब तक समझा न सका मैं।

[9]

पल-पल दूर देश है कोई,
अन्तिम गान शेष है कोई,
छाया देख रहा जिसकी, काया का परिचय पा न सका मैं।

[10]

उड़ जा रहे पंख पसारे,
गीत व्योम के कूल-किनारे,
उस अगीत की ओर जिसे प्राणों से कभी लगा न सका मैं।

[11]

जिस दिन वह स्वर में आएगा,
शेष न फिर कुछ रह जाएगा,
कहकर उसे कहूँगा वह, जो अब तक कभी सुना न सका मैं।

[रसवन्ती]

परदेशी

माया के मोहक वन की क्या कहूँ कहानी परदेशी?
भय है, सुन कर हँस दोगे मेरी नादानी परदेशी!
सृजन-बीच संहार छिपा, कैसे बतलाऊँ परदेशी?
सरल कंठ से विषम राग कैसे मैं गाऊँ परदेशी?

एक बात है सत्य कि झर जाते हैं खिलकर फूल यहाँ,
जो अनुकूल वही बन जाता दुर्दिन में प्रतिकूल यहाँ।
मैत्री के शीतल कानन में छिपा कपट का शूल यहाँ,
कितने कीटों से सेवित है मानवता का मूल यहाँ?

इस उपवन की पगडंडी पर बचकर जाना परदेशी।
यहाँ मेनका की चितवन पर मत ललचाना परदेशी!

जगती में मादकता देखी, लेकिन अक्षय तत्त्व नहीं,
आकर्षण में तृप्ति और सुन्दरता में अमरत्व नहीं।
यहाँ प्रेम में मिली विकलता, जीवन में परितोष नहीं,
बाल-युवतियों के आलिंगन में पाया सन्तोष नहीं।

हमें प्रतीक्षा में न तृप्ति की मिली निशानी परदेशी!
माया के मोहक वन की क्या कहूँ कहानी परदेशी?

महाप्रलय की ओर सभी को इस मरु में चलते देखा,
किससे लिपट जुड़ाता? सबको ज्वाला में जलते देखा।
अन्तिम बार चिता-दीपक में जीवन को बलते देखा;
चलते समय सिकन्दर-से विजयी को कर मलते देखा।

सबने देकर प्राण मौत की कीमत जानी परदेशी!
माया के मोहक वन की क्या कहूँ कहानी परदेशी?

रोते जग की अनित्यता पर सभी विश्व को छोड़ चले,
कुछ तो चढ़े चिता के रथ पर, कुछ कब्रों की ओर चले।
रुके न पल-भर मित्र, पुत्र माता से नाता तोड़ चले,
लैला रोती रही किन्तु, कितने मजनू मुँह मोड़ चले।

जीवन का मधुमय उल्लास, औ' यौवन का हास-विलास,
रूप-राशि का यह अभिमान, एक स्वप्न है, स्वप्न अजान।

मिटता लोचन-राग यहाँ पर, मुरझाती सुन्दरता प्यारी,
एक-एक कर उजड़ रही है हरी-भरी कुसुमों की क्यारी।
मैं न रुकूँगा इस भूतल पर जीवन, यौवन, प्रेम गँवाकर;
वायु, उड़ाकर ले चल मुझको जहाँ कहीं इस जग से बाहर।

मरते कोमल वत्स यहाँ, बचती न जवानी परदेशी!
माया के मोहक वन की क्या कहूँ कहानी परदेशी?

[रेणुका]

शब्द-बेध

खेल रहे हिल-मिल घाटी में, कौन शिखर का ध्यान करे?
ऐसा वीर कहाँ कि शैलरूह फूलों का मधुपान करे?
लक्ष्यबेध है कठिन, अमा का सूचिभेद्य तमतोम यहाँ?
ध्वनि पर छोड़े तीर, कौन यह शब्द-बेध संधान करे?

'सूली ऊपर सेज पिया की', दीवानी मीरा सो ले,
अपना देश वही देखेगा, जो अशेष बलिदान करे।
जीवन की जल गई फसल, तब उगे यहाँ दिल के दाने;
लहराएगी लता, आग-बिजली का तो सामान करे।

सबकी अलम तरी अपनी, दो का चलना मिल साथ मना;
पर जिसे जाना हो, वह तैयार स्वयं जलयान करे।
फूल झड़े, अलि उड़े, वाटिका का मंगल-मधु स्वप्न हुआ,
दो दिन का है संग, हृदय क्या हृदयों से पहचान करे?

सिर देकर सौदा लेते हैं, जिन्हें प्रेम का रंग चढ़ा;
फीका रंग रहा, तो घर तज क्या गैरिक परिधान करे?
उस पद का मंजीर गूँजता हो नीरव सुनसान जहाँ;
सुनना हो तो तज वसन्त निज को पहले वीरान करे?

मणि पर तो आवरण, दीप से तूफां में कब काम चला?
दुर्गम पन्थ, दूर जाना है, क्या पन्थी अनजान करे?
तरी खेलती रहे लहर पर, यह भी एक समाँ कैसा?
डाँड़ छोड़, पतवार तोड़कर तू कवि! निर्भय गान करे।

[हुंकार]

आश्वासन-2

रो मत, अश्रु-घटा उमड़ी, उमड़े, रोना है पाप यहाँ,
जंजीरें मत गढ़े, अश्रु होगा तेरा अभिशाप यहाँ!
संतु यहाँ कच्चे धागे का, सँभल-सँभल चलना होगा;
इस नगरी की चाल यही, साँचे में खुद ढलना होगा।

उनका नाम रहा जौहरवालों में, जो हँस आप जले;
हाँ, सिर पर है वही हिमालय पर चढ़ जो चुपचाप गले।
प्रह्लादों को जला सके जो, जग में ऐसा ताप नहीं;
अम्बरीष के लिए यहाँ दुर्वासा का अभिशाप नहीं।

कलियों पर जो पले, कुलिश की उनके लिए कहानी है;
नीलकण्ठ को नदी, सिन्धु, दोनों का मीठा पानी है।
बनकर शिखा चढ़े लंका पर, उनके हित रोना कैसा?
दीवानों के लिए भला जग का जादू-टोना कैसा?

जो अशेष जीवन देता है, उसे मरण-संताप नहीं;
जलकर ज्वाला हुआ, उसे लगता ज्वाला का ताप नहीं।
अल्हड़ वही, ठेलकर धाराओं को जो प्रतिकूल चले,
तूफानों से लड़े सदा, झोंके-झोंके पर फूल चले।

यों तो अंचल पकड़ धार का सिन्धु सभी पा जाते हैं;
स्वर्ग मिलेगा उसे, खोजता जो गंगा का मूल चले।
ज्वाला में हँसनेवालों का छिटका पुण्य-प्रताप यहाँ;
रो मत, अश्रु-घटा उमड़ी, उमड़े रोना है पाप यहाँ।

[हुंकार]

परिचय

सलिल-कण हूँ कि पारावार हूँ मैं?
स्वयं छाया, स्वयं आधार हूँ मैं।
बँधा हूँ, स्वप्न है, लघु वृत्त में हूँ,
नहीं तो व्योम का विस्तार हूँ मैं।

समाना चाहती जो बीन-उर में,
विकल वह शून्य की झंकार हूँ मैं।
भटकता, खोजता हूँ ज्योति तम में,
सुना है, ज्योति आगार हूँ मैं।

जिसे निशि खोजती तारे जला कर,
उसी का कर रहा अभिसार हूँ मैं।
जनम कर मर चुका सौ बार लेकिन,
अगम का पा सका क्या पार हूँ मैं?

कली की पँखुडी पर ओस-कण में
रँगीले स्वप्न का संसार हूँ मैं;
मुझे क्या आज ही या कल झरूँ मैं?
सुमन हूँ, एक लघु उपहार हूँ मैं।

जलन हूँ, दर्द हूँ, दिल की कसक हूँ,
किसी का हाय, खोया प्यार हूँ मैं।
गिरा हूँ भूमि पर नन्दन-विपिन से,
अमर-तरु का सुमन सुकुमार हूँ मैं।

मधुर जीवन हुआ कुछ प्राण! जब से
लगा ढोने व्यथा का भार हूँ मैं,
रुदन ही एक पथ प्रिय था, इसी से
पिरोता आँसुओं का हार हूँ मैं।

मुझे क्या गर्व हो अपनी विभा का?
चिता का धूलि-कण हूँ, क्षार हूँ मैं;
पता मेरा तुम्हें मिट्टी कहेगी,
समा जिसमें चुका सौ बार हूँ मैं।

न देखे विश्व पर मुझको घृणा से,
मनुज हूँ, सृष्टि का शृंगार हूँ मैं;
पुजारिन! धूलि से मुझको उठा लो,
तुम्हारे देवता का हार हूँ मैं।

सुनूँ क्या सिन्धु! मैं गर्जन तुम्हारा?
स्वयं युग-धर्म का हुंकार हूँ मैं;
कठिन निर्घोष हूँ भीषण अशनि का,
प्रलय-गाण्डीव की टंकार हूँ मैं।

दबी-सी आग हूँ भीषण क्षुधा की,
दलित का मौन हाहाकार हूँ मैं;
सजग संसार, तू निज को सँभाले,
प्रलय का क्षुब्ध पारावार हूँ मैं।

बँधा तूफान हूँ, चलना मना है,
बँधी उद्दाम निर्झर-धार हूँ मैं;
कहूँ क्या, कौन हूँ? क्या आग मेरी?
बँधी है लेखनी, लाचार हूँ मैं।

[हुंकार]

❂❂❂